Notas al viento...

Notas al viento…

Alfonso Campoy Ríos

Círculo Rojo
EDITORIAL

Primera edición: octubre 2024

Depósito legal: AL 3242-2024

ISBN: 978-84-1082-849-0

Impresión y encuadernación: Editorial Círculo Rojo

© Del texto: Alfonso Campoy Ríos
© Maquetación y diseño: Equipo de Editorial Círculo Rojo

Editorial Círculo Rojo
www.editorialcirculorojo.com
info@editorialcirculorojo.com

Impreso en España — Printed in Spain

Y sé bien que, haya lo que haya hecho,
cuando llegue, que lo hará,

recibiré las rosas que nadie nunca antes
se atrevió a ofrecerme, y mientras, escasas
lágrimas caen verdaderamente por su
propio peso.

Otras lo harán siendo insolentes, ya que
nadie tuvo realmente el valor que merecían
para llorarlas.

Quedando en ese instante con los viejos
recuerdos y los silencios ondeando al
viento, tras el ruido, que ya poco importa.

Tan solo siendo una parte de lo que algún
día fuimos para aquellos corazones que
alguna vez más profundo acariciamos.

Mientras, una paloma blanca se posa en mi
despertar.

Alfonso Campoy Ríos
Sena (Huesca), 1975

Demasiadas lecturas erróneas, pero dime,
dime…

¿Qué es lo que quieres saber?

Tal vez ya nada, la verdad, o quién sabe…

Si algo de lo que un día tanto importaba
otras nos fue arrebatado por el viento a
placer.

Mientras, fue llevándose consigo estas notas
que se alzan hoy en libertad.

¡Pero sabes!

La intuición dice que el tiempo un día nos
dará las respuestas.

Esas que aún no dio sin tener ni siquiera
que preguntar.

Agradecimientos

A la vida, por permitirme ser parte de ella y darme la oportunidad de compartir. A toda la gente que me rodea y al resto de las personas que hacen lo posible por que este mundo siga adelante cada día.

Al tiempo, la añoranza, la esperanza o la incertidumbre, la melancolía o los recuerdos…

A mi familia y a los seres queridos, que muchas veces mientras escribo permanecen en mi corazón arraigados y en mi memoria apoyándome.

Y, cómo no, al presente, que a cada paso continúa sorprendiéndome, dándome sin duda a veces las mejores lecciones de vida que alguien te puede dar.

Y quedamos entre las rutinas de aquel perfume, al abrigo de la luna, dejándonos llevar por la noche y arropados como dos niños incomprendidos, tan solo por sus miradas, o quién sabe si ajenos al mundo…, presos ya de sus destinos.

A través de mis ojos, quedó un reflejo tenue de un adiós, desordenando el tiempo, sumiso entre el otoño y la primavera, como unas lágrimas o versos que llegan a ti en enero, entre la fría soledad y el sosiego, abrazando arduamente su libertad.

Creí por un segundo que reaccionarías y me ibas a extrañar, pero ¿viste?, tan solo fui ignorado y ni siquiera te importé…

Me dejaste de lado en ese instante, ya me quedó claro lo que soy para ti; por eso decidí escribirte para pedírtelo, aunque el amor no se ruega… Lo sé, ni las risas a la par, ya que yo tan solo necesitaba unas palabras tuyas hoy, no más.

Un «hola» o un «¿qué tal?».

Tan solo ser escuchado…

Ya que para mí hoy era un día triste, aunque vos ni te diste cuenta, yendo a la tuya. Y no es un reclamo, es despejar las dudas o ver quién sí y quién no o para qué.

Creo que tus actos lo dejan claro…

Aunque sé que no debo exigirte, ya que soy un fantasma por ahora para ti.

Algo que no te nace y que nunca fue de nadie. Ahora sé quién sí y quién no, y no me cuentes boludeces, porque yo por ti sí me hubiese desvivido y sin dudarlo te hubiese escuchado, aun sin saber lo que hoy aprendí.

Aún sigo con ese día de oscuros y claros, pero ya pasó… Tan solo me tocó ser fuerte y seguir.

Letras ya en olvido

Y un día…

Quedará ya en soledad, como náufrago tras la marea entre aquellos momentos que compartimos juntos y de los que ni apenas una pequeña parte supimos valorar.

Presa de los recuerdos ya o quién sabe…

Si la vida nos lo devuelva en esas noches de desvelo, al paso de alguna estrella fugaz, deleitándose con el brillo de nuestra mirada.

Sí te diré… que yo estuve ahí, entre aquellos indescriptibles llamados literarios, que con notas al viento y al compás del tiempo entonaban su voz entre el florecer de las margaritas, en la más eterna de las primaveras, o aquella hoja en su último viaje de otoño ya precipitándose con valor al vacío…

Un sábado cualquiera

Ese toque de dulzura...
que se queda intercalado entre una nota y el después.

Y quedamos… entre las rutinas de aquel perfume al abrigo de la luna, dejándonos llevar por la noche y arropados como dos niños incomprendidos.

Tan solo por sus miradas, o quién sabe si ajenos al mundo…

Yaciendo en el poso de sus destinos.

A veces me invade la tristeza y no encuentro un sitio para mí. Tal vez en ese *impasse* entre esa puesta de sol cuando alcance su cenit o bien junto con las notas de aquella última canción desordenada, créeme que, si un día cualquiera me queda un hueco para la memoria y por fin me permitan refugiarme, quedaré cerrando los ojos o abrazando el recuerdo de cada segundo ya sin sentido.

Y un día… te preguntarás quién soy y,
sin apenas conocerte, aunque no lo creas,
responderás que nunca lo supiste.

Y quedaron por terminar…

Aquel aroma a café en el fondo de la taza o esa velita encendida aún perfumada con esencia a vainilla, tus besos robados en mi espalda y mis latidos acunando tus sueños, abrazando la esperanza.

Y si no puedo dormir…

En esas noches mientras te pienso con el pelo rozando al viento en un barco a la deriva, escucharé tus latidos al igual que entre cada minutero van quedando tras de sí, arropados, los olvidos.

Un abrazo lejano y un adiós entre nuestras miradas eternas o la esencia de una sonrisa perdida en el aire tras un segundo sin olvidarte, aunque ya de pronto sé… que los sueños de nuevo van a regresar, deseando que en las noches de ensueño te desvelen mis palabras mientras llega el nuevo día… y así volver a brillar.

Qué decir, si tras tu mirada se guarda un mundo prohibido, la llave oculta del deseo y la libertad de todos aquellos besos robados.

Hoy, dejo notas al viento… para que alguien las encuentre o encuentren a ese alguien cuya vida al viento ondea.

Tras escribir tres poemas en aquella servilleta de aquel bar, decidí decirte por fin... todo lo que nunca te dije.

Escucho a veces el silencio, que tras
nuestros oídos permanece adormecido
y tan perezoso ya... que no quiere
despertar.

Y en qué nos convertimos, me pregunto a veces, mientras pasa y pasa el tiempo sin distinción alguna, tan cambiante que demuestra grano tras grano de arena al caer cómo despejar las dudas que van quedando a nuestra merced...

La ironía absurda de un adiós

No intentes explicarme lo que ya sabes, que
en el fondo realmente no es así.

Aunque nunca me dijo su nombre,
mi alma rozaba el latir de su autoría

¿Y si nos desvelamos juntos, coincidiendo cualquier noche a la luz de las velas?

Y cuando algún día nos perdamos interminablemente dormidos en la empatía, esa que necesita el mundo a su lado, fruto de una manzana prohibida…

Llegará a nosotros un ángel que nos cubrirá con sus alas de papel mientras nos proteja.

Tantas veces ocurrió que, tras uno y otro rechazo, sus alas se alzaron en vuelo mientras el miedo quedó a su merced, esperando un soplo de viento a su favor.

Opino que es mejor así, aun sabiendo que tú no hayas opinado.

A veces… quedaba escuchando en silencio, ya que algunas otras… este me daba las respuestas.

Aunque unas es duro conmigo y hay cosas que no me las quiere contar, tal vez porque no quiere que las sepa, o quién sabe…; pero si decidió no decírmelo, puede que sea mejor así.

Ahora me cuesta más quedarme callado y, si algún día lo hago y no digo lo que quiera decir, tampoco me preocupa demasiado, e incluso en ocasiones a veces hasta se me olvida escribirlo.

La voz callada

Tal vez en estas fechas llega a pasos lentos el vacío, la soledad o la melancolía, llevándose las dudas, o quién sabe si tras tanto enfrentar la vida pueda ser una mezcla de todo o nada a la vez, dada la percepción de uno mismo.

Golpea incluso la incertidumbre aun haciendo lo que a ti te gusta, quién sabe si te lleva de nuevo a todos aquellos días que ya viviste o a otras épocas que bien conoces.

Aunque no deberías hacerle caso, pero insiste y te sacude el pecho mientras te preguntas qué derecho tiene siendo ese momento tan tuyo; tan solo debes creer en ti, ya que te invita al bajón, pero no debes doblegarte ni acceder.

Tan solo queda ahora reparar esa capa protectora y seguir adelante hasta que la batalla no haya terminado, ya que no vale la pena lamentarse.

Tal vez nos pusimos de acuerdo para
encontrar en los silencios las respuestas de
aquellas preguntas que tantas veces a solas
nos hicimos.

Demostrarle a la vida por qué estás aquí y no dejar al destino ni a tu ser con esa pequeña duda de qué hubiese sido de ti o si lo hubieses logrado algún día; cierto que, si no lo intentas o das ese paso hacia delante, nunca lo vas a saber ni remotamente va a suceder.

Esto está más claro que haberte quedado con la duda y te aseguro que ibas siempre a lamentarlo aun siendo acertada o no, como cualquier decisión que tomes en la vida, ya que esta es una…, es ahora y es aquí.

Quién sabe si después te permitirá esta hacerlo a tu antojo, aprovechar el momento o estar preparado para lograrlo si no te decides aunque sea tan solo una vez por algo; te diré que tampoco debes considerarlo un fracaso aun siendo pocas las veces que lo has intentado.

La oportunidad perdida

De ti no depende, pero sí está claro que cambia en cualquier momento y puede ser la suerte como también la vida.

Solo, tan solo un instante es necesario, una ráfaga de aire o una nube que llega desde tan lejos en un día soleado. Tal vez te sientas tan fuerte que, cuando en tu coraza resuenen los golpes, el eco se siente en el pecho; tal vez sea el de las palabras y que tan solo sean meramente recuerdos.

Aunque sí te diré que, tras dedicarles unos segundos, quedan ajenos a mi sentir.

Tal vez nos pusimos de acuerdo para encontrar en los silencios las respuestas de aquellas preguntas que tantas veces a solas nos hicimos.

Quién iba a decirme que ahora el reflejo de luz en las mañanas… acariciaba las sombras de mis recuerdos.

Y todo siguió… adelante, aun sabiendo que ya nunca regresaría.

Cómo negarlo incluso a mí mismo,
cuando a solas quedo con la nostalgia,
el sentir y el deseo.

Había quedado sentado en un parque, ignorando por completo entre un par de horas encadenadas... unas pequeñas y frías gotas de escarcha que habían caído tan solo hace un momento sobre mí.

El fluir de las gentes al caminar era constante, diverso..., pero al menos esta vez podía respirar por un segundo en calma mientras mi abrigo me guarecía contra el frío que iba calando ya en mis manos, preguntándole realmente si ahí es donde más me encuentro, en donde verdaderamente podría sentirme por un solo instante yo mismo.

Cerca de los pájaros, la dulce
frecuencia

Aun siendo igual constantemente,
créeme, lo intentaría.

Porque siempre quedo tras
los deseos enamorados.

El clima no está para pasear.

Esa oportunidad que ama los vacíos, que abraza fuerte para que ya no mermen… se despista a veces al pensarte.

Vemos como pasa la vida, aunque por unos segundos queda en el aire pendiente de un hilo…, detenida tal vez como lo hace nuestra memoria entre esos pensamientos inocuos que a veces olvidamos mientras nos detenemos sin más por algo que no ha sucedido o nos toca la piel.

Qué tan sutilmente el
tiempo borró las respuestas,
aunque noche tras noche he
llegado a preguntarme…,
tras la espera, cómo
amanecieron tan distantes
las dudas.

Una estación de tren casi olvidada, el vagón del ayer que nunca partió, así como lo hicieron nuestras miradas nostálgicas ya sin adornos, que vacías quedaban entre todas aquellas gentes cruzándose en el andén.

Tan solo un instante, un momento cualquiera…, ese espacio virtual que nos conecta en el aire, con las energías más infinitas dentro de cada uno.

Esa sonrisa al viento que no entiende
de razones..., que se siente dentro y
a la deriva de la libertad, viajando en
la mejor compañía.

Escribir es como un grito frente a la libertad mientras todo queda en calma en tu interior, como una mariposa revoloteando por tu alma.

Hoy te extrañé más que nunca y, aunque
nunca te lo dije, tal vez pude hacerlo hoy.

Podría decirte todo con tan solo una mirada, aunque ya me descifraste entre tantos vacíos inconfesables.

Qué sería de los instantes si no fuesen momentos distraídos a merced de los latidos.

Que tal vez…

Se lo llevó el viento y hoy se encuentra entre los libros, las canciones o los poemas, en el abrazo de un adiós o esas breves palabras de despedida.

En los ojos al mirarte o al compás del tiempo a sabiendas de que nunca se quiere marchar.

En esa melodía extrovertida que a veces se cuela por mis oídos como un beso robado y sin saber bien de dónde viene… regresa como una sombra a tu lado e inoportuna como el viento.

Deleitándose con la ironía y la melancolía, amarrada a placer en un puerto ya casi en desuso.

Mecha prendida del olvido tras cuyos pasos dejó heridas y tras ellas quedaron las risas, los sueños, la esperanza y el llanto…

Que así lo recuerdo porque así lo he vivido, aun con todos los deseos, y mejor siendo valiente que sin haberlo intentado.

Martes, trece de febrero

Y recuerdo... como
cada vez que me
iba, bajaba conmigo
desbordando ilusión
para abrirme la puerta
y despedirse...,
aunque tal vez no me
daba cuenta entonces
de que el que se
despedía cada vez
era yo.

Debí dejar mi orgullo para el silencio, haber sido más atrevido aquella vez… al escuchar la brisa, el canto del llano o aquel viejo acordeón… cuyas notas dejaba en mi ser. Tal vez si hubiese sido más humilde también, quién sabe si ahora lo recordaría, porque tal vez junto con el ayer… ya se fue.

Y llegamos a tu calle, entre el aroma del desconcierto, abatidos por los recuerdos esta vez..., y que tras un suspiro vuelven para abrazarte de nuevo, sin pedir nada a cambio, para encontrarse después.

Y qué importa ya si tan solo el vivir nos
queda… de lo que te ha tocado vivir,
mientras que el vivir es la espera.

Unas sin poder hacer nada a veces, otras atónitos por completo ante tanta estupidez, esa que llamamos *cordura* y de la cual nos toca aprender.

Sin sentirte; te siento; sin mirarte, te veo...
Sin escucharte a veces, habitas entre mis recuerdos.

Quién iba a decirme que en este día las palabras iban a cruzarse con tu sonrisa concediéndole su mayor deseo.

Y cuando gires la vista atrás, todo será tan efímero que ya no habrá que lamentarse… ni por el tiempo, ni por la vida, ni por los sueños.

¿Y si te dijese que siempre fuiste tú la
manera más indeleble de ser feliz?

Quédate a mi lado, en
el vértice del colapso…,
en la margen del ocaso
y en la linde de tus
deseos.

Y aun sin saber que nos mantuvimos en caminos tan transitados, no nos dio ningún miedo… a la hora de volver.

Un corazón entregado no es casual ni indiferente, nace de los latidos en cada vacío y despierta ante las lágrimas de la honestidad.

Siendo un rehén de cada situación, aprendí a quedarme quieto ante tanta adversidad.

Algunas veces tan solo es miedo, otras me das… un remanso de paz que apacigua mi cordura al enfrentar mil batallas.

Cuántas noches extrañé tus fríos
mensajes abrigándome con las
sábanas de tu olvido.

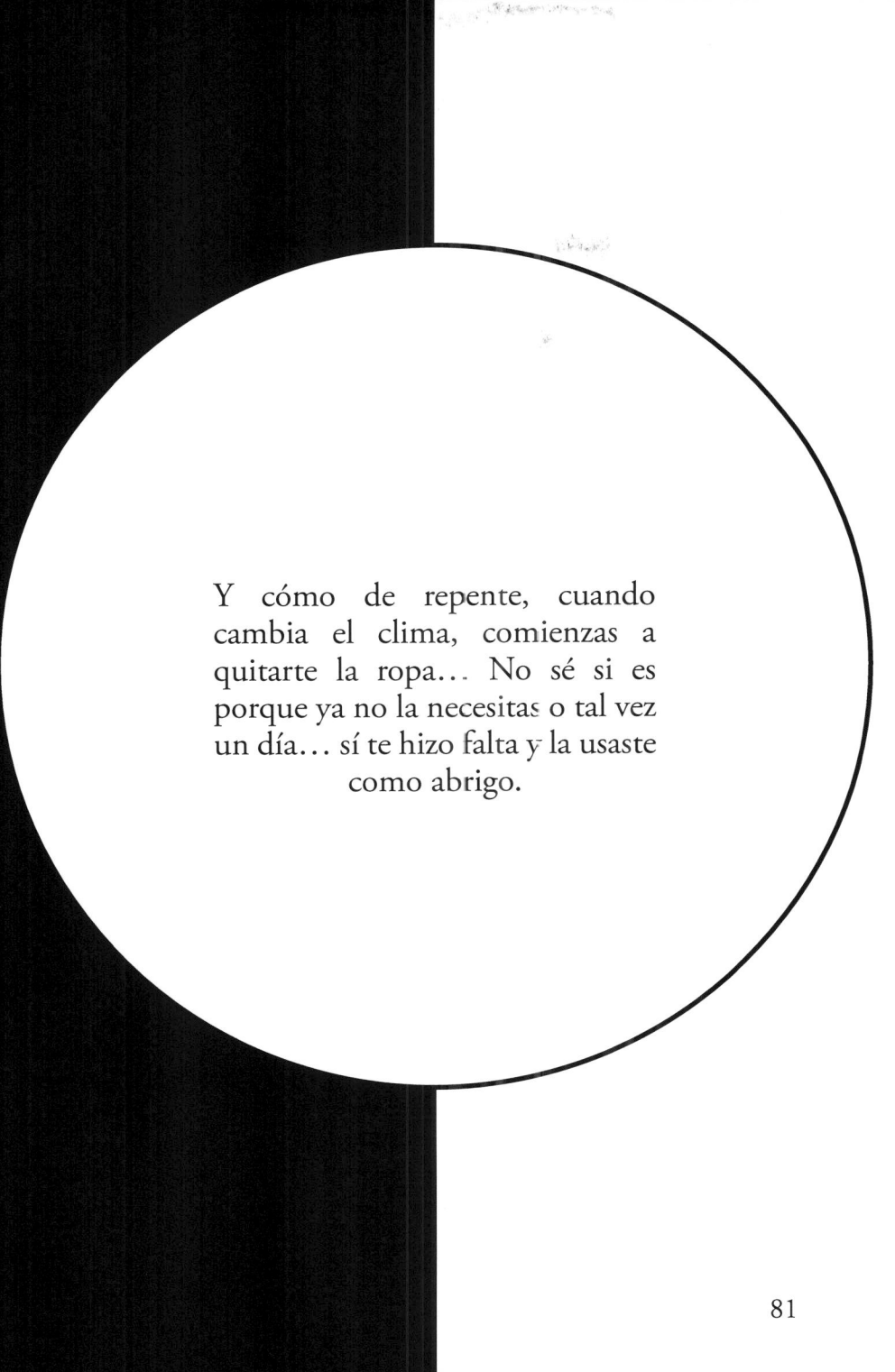

Y cómo de repente, cuando cambia el clima, comienzas a quitarte la ropa… No sé si es porque ya no la necesitas o tal vez un día… sí te hizo falta y la usaste como abrigo.

Desaparecieron los miedos… porque ya estaba listo para perderlo todo, para saber de una vez por todas quién era, para alejarme y para no volver.

Aún recuerdo cuando me volví inmigrante de tus arrojos y de tus delirios, del aroma cuya añoranza dejaba las inquietudes convertidas en versos.

Y quedó todo ahí…,
ajeno a ti, dando los
buenos días otra vez,
aunque ya escuchar
tan solo queda.

Y entendí tan solo al verlo…

Que lo bueno tiene ocasionalmente las horas contadas, que implícitamente no me permito cada día fracasar o encontrarme entre las emociones de vez en cuando tan melancólicas. Otras intentando proponer un brindis que viaja esquivo agotando las nociones más diversas.

De cuando en cuando ser despistado, atrevido o tan presuntuoso como versátil y será por algo aunque nadie lo sepa… Bien será o qué será, si aún sigo siendo yo o quién sabe si alguna otra vez lo será, ese veintinueve de febrero.

Es mutuo el camino recorrido, los silencios pausados, las preguntas indebidas de tantos ratos ya olvidados.

Ese adiós que aún recuerdas del ayer o esa oportunidad perdida que a veces la vida simplemente nos presta para luego devolverle con pensamientos o con heridas. Esa distancia que separa lo tuyo y lo mío, lo nuestro y lo suyo a la vez, que no siendo ya de nadie no permite opinión ajena.

Quién iba a decirlo, aunque ahora queda en lejanía como estela en la mar de un velero a la deriva.

El fin de los vientos

Y es en el primer desvelo cuando te das cuenta de que las noches no son tan oscuras como los días y de que, cuando llega el segundo, decides quedarte quieto y continuar, entremezclando los sueños con el despertar, antes de que llegue el tercero y te desvele por completo destapando hasta las heridas del ayer para posteriormente no recordar nada.

Que van y que vienen como la ironía lo hace en la vida, despistándose de vez en cuando tras el despertar.

Y mientras con nadie sonreía, contigo pasaba volando las horas simplemente con mirarnos, aunque tampoco había mucho que decir porque ya en verdad nuestras miradas lo decían todo… Se escuchaba el latido del corazón como las saetas del tiempo marcando cada minuto de esos que vives tan intensamente y que felizmente recuerdas toda la eternidad y ni el embrujo de la noche se atreve a difuminarlos en tu memoria.

De todos sitios a la vez,
pero de ninguno.

Y llega ese «hola» tras un nudo en la garganta de latidos inexistentes, fantasías erradas y palabras mal pronunciadas.

Ser… un breve reflejo de tu existencia,
de los días prestados o las noches en vela.

En el vacío, tan solo se escuchaba ya el eco; cada vez eran más grandes los silencios, los latidos, las ausencias y los gritos… que, como aquella vieja canción decía, eran de esperanza, sin ya echar de menos cualquier excusa barata inventada y así perdernos en el olvido.

Lo expuesto quedará en presencia
y el presente quedará presenciado
por los presentes.

Quedan atrás los recuerdos, la vanidad y los días… Tal vez aquellos sueños también que nunca dejamos partir, el corazón en un puño, al igual que una bandera ondea sin miedo al viento y de regreso le lleva. Al abrazo que aún no dio mientras habla sin preguntarme dónde queda el olvido, esa lágrima que hoy me limpio con tu pañuelo de seda y que ciertamente sí quedó presa de tus palabras en mi oído y del sabor de los recuerdos del ayer.

Y, al principio, solo fue un suspiro reposando en el aire, un soplo de viento que encontró en un lugar lejano su melodía, una sílaba, un desliz, eco de una brisa fresca que se cuela entre las ramas y trae nuevamente a la conciencia el pesar latente de los días, erizando el vello a su paso y preguntándose a veces cuánto dejamos olvidado o si a veces incluso, aun recordando, el tiempo nos atrapa a cada paso sin medida.

En esa mañana de domingo

Estás lejos, lo sé… Tan solo se encarga la distancia, entre esa diferencia horaria que ya ni le importa a un reloj, donde cada marca de su saeta se convierte en recuerdo y al parecer de ellos tan solo quedan ocupándose de las horas…

Aunque no del corazón, ese no entiende de horarios, ahí sí se ocupan los instantes, la intuición o las palabras y que aun ni siquiera pronunciadas ya fueron dichas, siendo a veces capciosas en tu memoria y breve reflejo de una complicidad eterna e inadvertida por nuestros silencios.

Tras el mes de abril... brotaban las rosas, esas que erizan la piel como cuando estás ante un examen preso de la incertidumbre, esos pétalos tan perfumados, únicos y coloridos que ni la imaginación más escueta se atrevería a denigrar sin hacer ni siquiera alusión hasta el final de sus días.

Siendo la tercera en discordia, aunque es un decir, que ante el ripio y la calma esta vez tocaba replegar las velas, que tras el esplendor cada parte de sus tiempos y su belleza... tan solo con cumplir su cometido bien sabíamos quedaría marchita.

Cómo quema el asfalto
tras pisar las margaritas
con los pies descalzos.

Aunque siempre te prometo no olvidar lo que hemos vivido, también me prometí a mí mismo que siempre quedaría entre tu mirada y la mía.

Al cerrar tus ojos, aprendí de la inocencia... Al mirar tus labios, llegó inesperadamente la complicidad, un beso robado..., una caricia al viento, mientras que aquella flor quedó marchita, escueta y efímera tras pasar la primavera.

Quedaron en la rasante del umbral de mi oído… aquellas palabras convertidas en voces que tan profundamente penetraban por mis sentidos.

Atravesando desiertos y mares, desvaneciendo todas mis fronteras a su paso e indagando en mi pecho tras ese abismo incierto y que sin esperarlo lo había quebrado.

Qué decir tras su paso, si lo había barrido junto con el tiempo, aunque por suerte aún mantenía la esencia, resquicio de lo que esta vez se había llevado.

Al partir en soledad

Esos momentos que, convertidos en instantes desapercibidos por las rutinas del ayer, parecen simbiosis transportadas entre briznas de algodón y aromas ya olvidados.

Le gané a la indiferencia mientras seguía inmerso en aquel mar de sueños.

Me elegí entre un millón de estrellas... ¿Por qué no habría de hacerlo? Si al final de puntillas y a pies descalzos quedamos dormidos en un eterno amanecer.

Pasto a veces de las llamas, víctimas de la adversidad, de esa que adormece a veces los recuerdos.

Quedo en silencio, como el vacío
del eco que vaga entre las nubes
a la deriva del tiempo… estanco
entre esa pausa inadvertida que
no se atreve a mirar tras el devenir
incauto, cernido ya sin motivos.

Y si tan solo... pudiese regresar un día,

prendería esa cafetera en tu despertar mientras el aroma recorriese todos los sentidos... tan solo para saber que seguía ahí, mientras escuchas ruido en la cocina y a sabiendas de que, al recostarte de nuevo, cerrarías tus ojos, sintiendo a la vez esa sensación de calma y desnudez.

La vida se lo puso en bandeja y quién sabe si le convenía, aunque esta vez dijo que no, ya que era hora de tomar un nuevo rumbo más expectante, un nuevo camino u otras experiencias, aunque esto nunca termina.

Sin reservar nada para otro día, a sabiendas de que el tiempo pasa y, sea o no con sensatez e incluso sin querer, suele tomar decisiones, esas que a veces nos resultan injustas o nunca nos atrevimos a tomar por ser a veces innecesarias.

Mientras, cruzando los dedos y deseando que regresen de nuevo esa próxima vez.

Cuánta terquedad cabe en un viaje sin
retorno que marca un nuevo destino.

Tú me hiciste creer
en las segundas
oportunidades,
aunque siempre
escuchase que no
fueran buenas.

111

Debo respirar por las veces que ahuyenté a las promesas... Mejor así, quedar ya normalizado ante tantas condiciones y exigencias.

Mientras, de nuevo suena el reloj, dejando esta medianoche adormecida tras de mí y, al igual que los recuerdos que se van, otros regresan a veces para ser de nuevo olvidados.

Ni qué decir tiene al viento volar quedarán mis pasos, la brisa en un cajón..., el llanto, el tormento y los abrazos.

Olvidamos un día la poesía, escondida tras nuestros deseos e inmersa en profundas miradas, que a veces las convierten en lágrimas o recuerdos.

¿Y si respiras profundo, soltando
una bocanada al aire?

Al mirarte, recordé que nunca tuve nada, y en ese preciso instante percibí… que siempre lo había tenido todo.

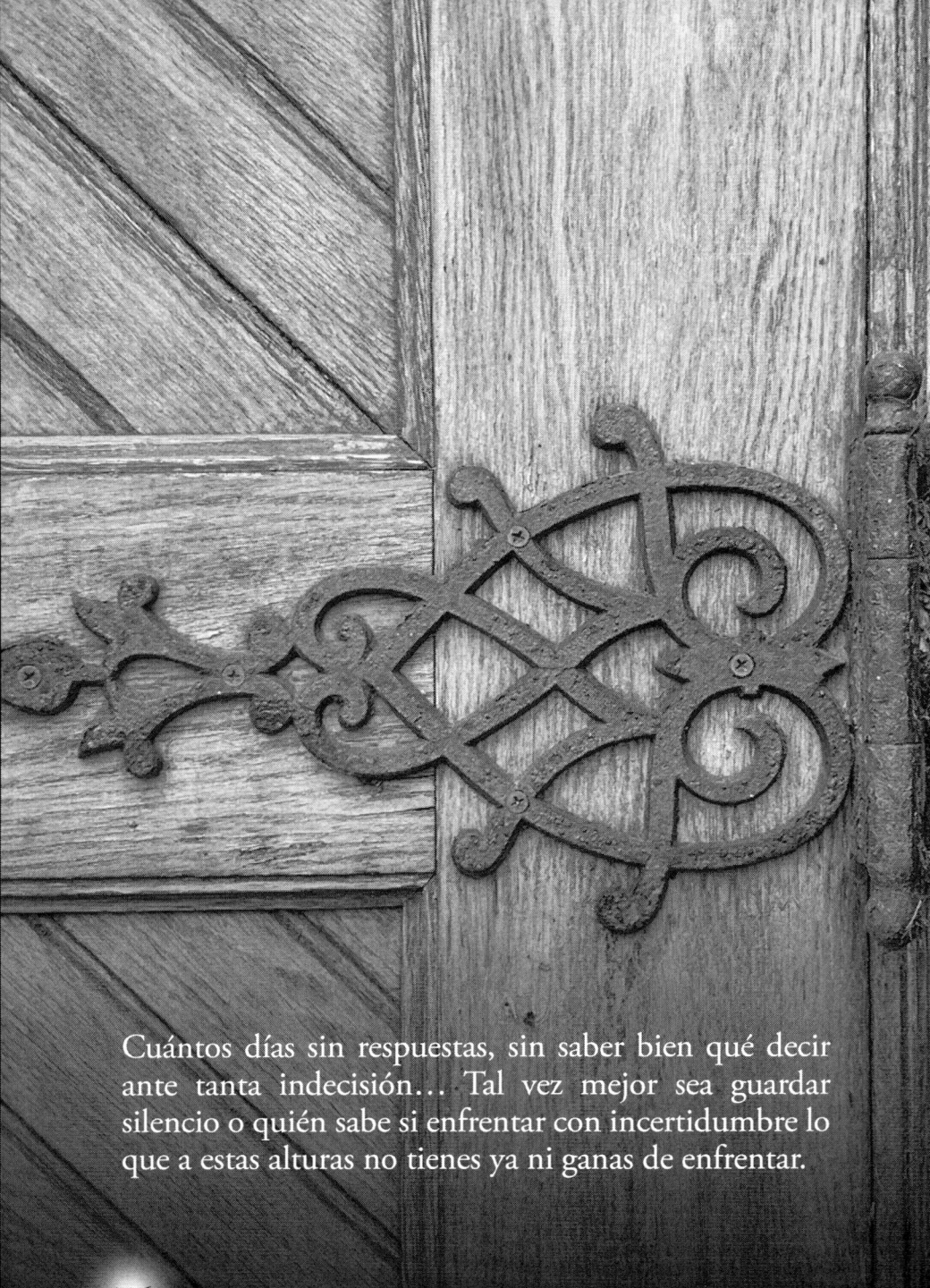

Cuántos días sin respuestas, sin saber bien qué decir ante tanta indecisión… Tal vez mejor sea guardar silencio o quién sabe si enfrentar con incertidumbre lo que a estas alturas no tienes ya ni ganas de enfrentar.

Quién iba a explicarnos que, aun dándolo todo, seríamos dos incomprendidos al pie de la letra.

Así es y lo reconozco…

Que tus ausencias a veces fueron laberintos para mí y muchas de esas veces me enseñaron a echarme tanto en falta.

Pero es la verdad y justas son las palabras que se dictan desde el corazón, aun contigo puedo ahora decirlas… Estar en calma y sentirme bien, más cuando estoy a tu lado habiéndome levantado una vez tras otra librando diez mil batallas.

Porque ahí me siento yo simplemente, a veces sencillo, mientras otras me percibo lleno de emociones inexplicables, que quién sabe si lo son; con o sin sentido.

Fue tan tenue el despertar
que aún recuerdo aquellas
caricias olvidadas.

Quién sabe si la ilusión puede
robarle al viento unas lágrimas
y quién sabe si el ayer recordará
los densos caminos de nuestra
existencia.

Comenzamos a tomar
decisiones… enterrando las
emociones en la orilla del río,
escuchando el fluir del agua
y dejándonos llevar por los
abismos por los que a veces la
intuición le deja caer sin querer a
los sentimientos.

Al filo de la imaginación, al
borde de la codicia, o quién
sabe si augurando lo acontecido
de por qué una manzana cae
al suelo en un mundo tan
prohibido.

Volvimos a coincidir otro día y tan solo era eso para nosotros, inconscientes de sí, un nuevo día, aunque irrepetible esta vez.

Algo abstracto pero lejano a lo que recuerdo en aquella otra vida, despistados como traviesas de las vías a la llegada del último tren.

De una puesta en escena inigualable, a la par y sin florituras ambiguas…

Tal vez irreconocibles mientras aquella espera desesperada rompía todos los eslabones establecidos y todas las cadenas que tanto ruido generaban en nuestras mentes.

A dónde llegamos, en dónde hemos estado o a dónde iremos… si el tiempo nos permite de vez en cuando vernos.

Y recordé, en la más agradable soledad, las veces que había golpeado la vida, entre una mueca y aquella media sonrisa fingida a través del tamiz.

En tierra de nadie, quién iba a expresar tanta libertad tras quedar distraídos soplando la vela.

Cómo queda detenido el tiempo al margen del pensamiento y a la lumbre de aquellas heridas que nunca se consiguen cerrar.

Dime si en esos momentos algo valió la pena, si ahora quedo descuidado en la retina, ya sin importar siquiera, ya sin razón que no quema...

Encontrándose sin más.

He querido y he amado…, observado el
mar y las estrellas, terminar de florecer
la primavera y ver caer la nieve en otoño
mientras voy abriendo mis manos.

Sentir los pies descalzos en la arena, frente
al mar, y solo en sueños cabalgar en un
caballo blanco cruzando laderas… repletas
de espigas, mientras el volar de las aves y
el viento en la cara descubrían el eco de las
emociones en mi despertar.

Y se cansó de vivir, de ir de un lado para otro inequívocamente sin mirar atrás, evocando a los dioses y las musas, siempre intentándolo desde cero… a cada paso, en cada instante y cada minuto dejando vacíos inexplicables.

En las frías noches y tardes de estío, junto con esos recuerdos del ayer… que lo hacían sentir a veces como un completo desconocido.

Si tú me dijiste o yo te dije, algo
indudablemente debimos decirnos.

127

Ese vacío incierto
que se escapa
en libertad tras
detenerse en
el camino…
mientras el
tiempo se
descuida y
emanan los
sonidos ya
discontinuos,
tan dispersos y
emotivos que
hacen hablar del
sentido mismo de
lo asperísimo.

Cuando tan solo
ocurre…

Reviertes tu
mente en caída
libre sin más,
tertuliano de
razones de un
vaso vacío,
algoritmo del
después, ausencia
de un traspié
desconocido,
que deja tus
alas inciertas,
dudando si
volará.

Mantener la ilusión manteniéndose vivo… es como enhebrar un alfiler con el hilo de tus pesares mientras ese pulso con la vida despierta frente al aroma de la estupidez.

Solo me arrepiento de una cosa: de no haber caminado más rápido para llegar a ser mucho antes yo mismo.

No te interesó perder el tiempo, aunque
desinteresadamente no sabías… que,
de uno u otro modo, ese tiempo…
no iba a dejar pasar sin entregarte las
respuestas a tus silencios.

Sí me di cuenta, ¿y sabes de qué? De que, cuando alcancé la cumbre de aquella montaña, nunca estuviste ahí para compartir conmigo mis éxitos o mis locuras, ya que fueron otros los que sí estuvieron a mi lado en ese mismo momento.

Hoy la luna brilla en el silencio de la noche, brilla tan pura… que el reflejo me invade como hace mucho no lo hacía. Aquí puedo respirar en esta noche de junio… con el frescor y la soledad mientras las estrellas mi piel arropan, revoloteando como mariposas en mi ausencia.

Te hubiese reconocido aun cerrando mis ojos, ya que sabía que tú ibas a estar ahí, bien por tu perfume, aunque nunca había sentido aquel aroma, o por escuchar tus risas a más de diez pasos de mí, en aquella tarde en donde nuestros corazones… cancelaron todos sus vuelos.

Creímos que siempre íbamos a estar ahí… pendiendo de un hilo y dejándonos la vida tras de sí.

Enfrentando con una sola razón al destino, iluso de mí. ¿Cómo iba yo a saber que aprendería de los sueños tan solo viendo las estrellas brillar?

Pregúntate… si alguna vez fuiste cobarde, guardando la ropa aquella vez, o aún te queda algo de valor en tu interior extrañándote y que nunca te atreviste a enfrentar.

Tal vez, aquellas heridas que ya ni siquiera importan alivien toda la carga que algún día quedó en el camino, unas veces olvidada y otras impresa en los recuerdos del ayer.

Hoy… creí escuchar tu voz merodeando en mis sueños, sin percibir que ya viajabas libremente al compás de cada latido, inmersa en cada poro de la piel, compartiendo nuestros silencios, mientras tu mirada permanecía a mi lado hasta el despertar.

¿Qué dice hoy la vida si le preguntas? Dice que sus respuestas nunca serán las mismas, que los motivos ya no son lo que eran y que la intención ya no es la que un día fue.

Aprendimos que, por improrrogables que sean los momentos, nunca deberíamos postergarlos para otro día, que sin saberlo se extraña y que sin pensarlo se olvida, que tal vez un día llegue esa primavera olvidada a los balcones o cubra las calles de esperanza... encontrando el camino de regreso a casa.

Entre desaires y desplantes nos olvidamos de contarnos algo mientras seguíamos remando a la deriva de nuestros destinos...

Llega ese día en que vas
conduciendo o por un casual
imprevisto miras hacia ese otro
lado y entonces te das cuenta de
que ya se fue, porque ya pasó;
de que algún día fue tan solo
un día mientras lo dejamos
ir, efímeros recuerdos, y que
ahora merodean sin motivo
ya en tu memoria.

Queda a tu criterio no dejar de caminar… Aferrarse una y otra vez, aunque a veces te sientes en un banco, tal vez frente a un espejo, o bien te sientas distraído escuchando el mar, quien puede sin falta hacerle ni gritarlo al viento.

Queda exiguo el latir, tal vez ajeno
a lo que uno soporta, cargado
sobre los hombros tras de sí, tras
la dejadez de un niño travieso en
un mundo infeliz.

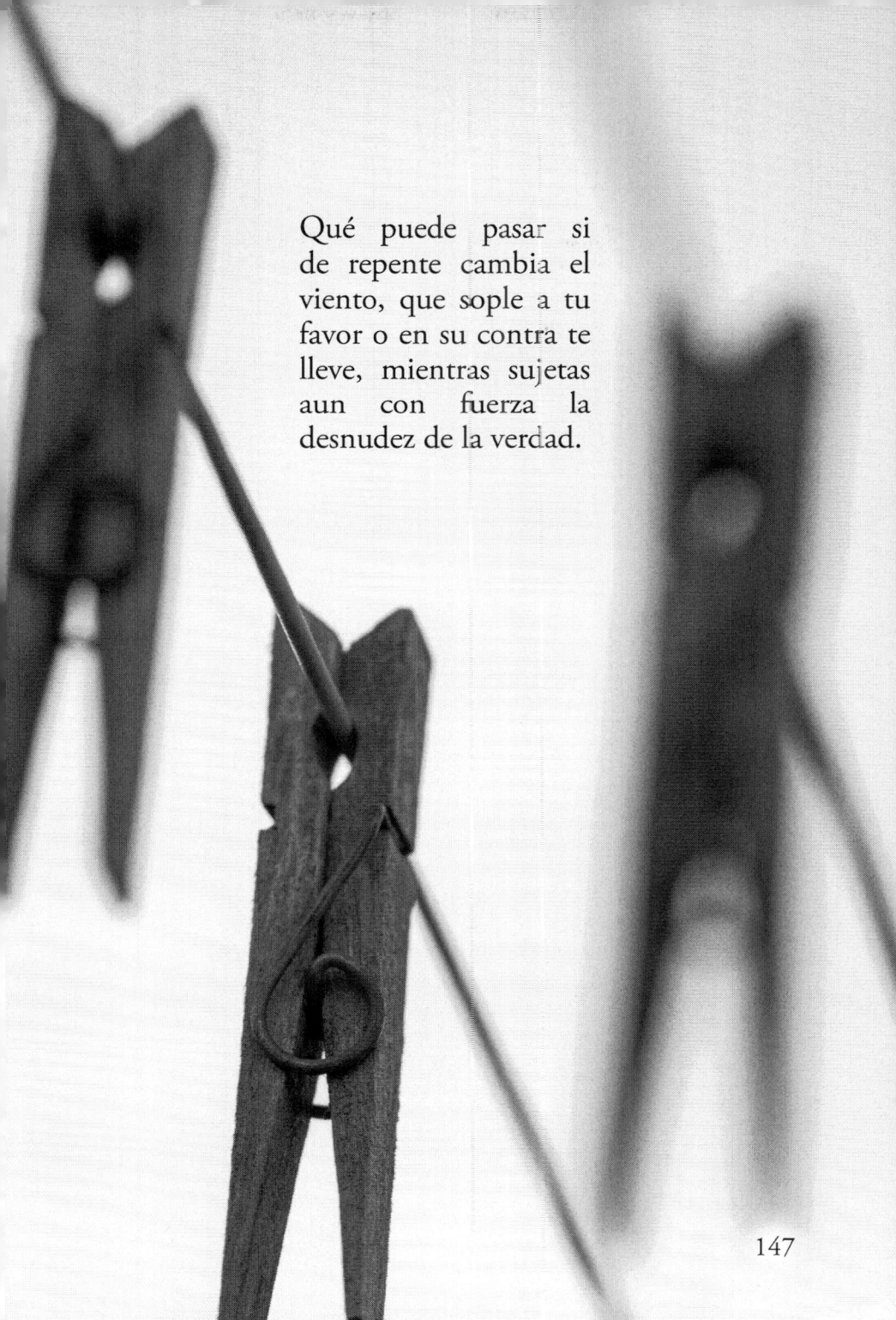

Qué puede pasar si
de repente cambia el
viento, que sople a tu
favor o en su contra te
lleve, mientras sujetas
aun con fuerza la
desnudez de la verdad.

No me lo preguntes, ya que no sabré qué contestar. Es tan denso el camino que puedes juzgarlo tú mismo. Si en él te encuentras, ten piedad y no regreses tras tus pasos, esos que lejos… se han ido ya.

Si no sé qué hacer, dormiré, soñaré
que viniste a mi lado, buscaré una
estrella brillar, escucharé las notas
de un piano sonar... mientras
queda el tiempo marchito,
hilvanado, como un zamacuco
creyéndose un pezolaga.

Darse por vencido en un mar de ilusión…, remando entre palabras adormecidas, mientras todo se termina como si fuera aquella primera vez.

Sin previo aviso y de repente se acaba, queda intacto en el ayer, colgado en el aire como un sigilo en la noche, persea al caer... distraído y ausente, ensimismado y prendido en los brazos del abrigo.

Ayer, creí que venías a entrelazar un quizás con un porqué, a no hacerte el humilde mendigando razones, que ya ni a medias parece que me importan.

Me enteré... de que ya te has ido, que ya te fuiste dejando tus notas al viento, reflejo impar de ese amanecer interminable... que a veces queda entre los recuerdos sin motivos.

Qué valor el escuchar, aunque sea al silencio, y esos sueños no cumplidos se convierten en cristales que se clavan en los ojos, sintiendo la luz del día.

Qué injusta la vida a veces, que nos balancea entre los extremos más impredecibles, quedando al margen del instinto… junto con las dudas.

157

A dejar caer las verdades, tal vez las tuyas, esas que a mi criterio no fueron justas aunque pareciere que sí a simple golpe de vista.

Quédate en mis brazos y dime mi nombre al oído, dejando un poso imborrable en la memoria… para así nunca olvidarme de tu voz.

Cómo se esconde el silencio,
revoloteando tras las palabras, y
no es por lo que olvidaste decir,
sino por lo que deberías haber
dicho y nunca dijiste.

Vulnerable… es un silbido que como notas al viento transporta en su estómago mariposas desordenadas, que, batiendo sus alas a placer, desdibujan mil colores en el cielo… creando un arcoíris de cristal con forma de caramelo.

Y ese abrazo…

Lleno de imborrables recuerdos y que llega sin previo aviso, quebrando el alma en dos en caída libre, junto con aquellas sonrisas impresas ya en el tiempo… y que ya no volverían a ser las mismas nunca más, en ese preciso instante tan volátil como efímero y que había quedado en olvido colgado de alguna pared, llegando hasta nuestros días.

Diluyendo hasta la última lágrima, presa sin condición ni razón alguna, que se albergaba en algún rincón dentro de uno mismo y que aún permanecía completamente dormida, así que tan solo quedaba volver a mirar de nuevo esta vez…

Ahora, quién sabe si hacia ninguna parte con la mirada perdida o hacerlo de nuevo una vez más, dejando a un lado tantas y tantas inquietudes, al igual que se percibía cómo fue quedando todo atrás.